学校 - Schule 2
旅行 - Reise 5
交通运输 - Transport 8
城市 - Stadt 10
地形 - Landschaft 14
餐馆 - Restaurant 17
超市 - Supermarkt 20
饮料 - Getränke 22
食物 - Essen 23
农场 - Bauernhof 27
房子 - Haus 31
客厅 - Wohnzimmer 33
厨房 - Küche 35
浴室 - Badezimmer 38
儿童房 - Kinderzimmer 42
衣服 - Kleidung 44
办公室 - Büro 49
经济 - Wirtschaft 51
职业 - Berufe 53
工具 - Werkzeuge 56
乐器 - Musikinstrumente 57
动物园 - Zoo 59
体育 - Sport 62
活动 - Aktivitäten 63
家 - Familie 67
身体 - Körper 68
医院 - Krankenhaus 72
紧急情况 - Notfall 76
地球 - Erde 77
钟表 - Uhr 79
周 - Woche 80
年 - Jahr 81
形状 - Formen 83
颜色 - Farben 84
反义词 - Gegenteile 85
数字 - Zahlen 88
语言 - Sprachen 90
谁/什么/怎样 - wer / was / wie 91
方位 - wo 92

Impressum
Verlag: BABADADA GmbH, Nedderfeld 112 , 22529 Hamburg
Geschäftsführer / Verlagsleitung: Harald Hof
Druck: Books on Demand GmbH, In de Tarpen 42, 22848 Norderstedt

Imprint
Publisher: BABADADA GmbH, Nedderfeld 112 , 22529 Hamburg, Germany
Managing Director / Publishing direction: Harald Hof
Print: Books on Demand GmbH, In de Tarpen 42, 22848 Norderstedt, Germany

学校

Schule

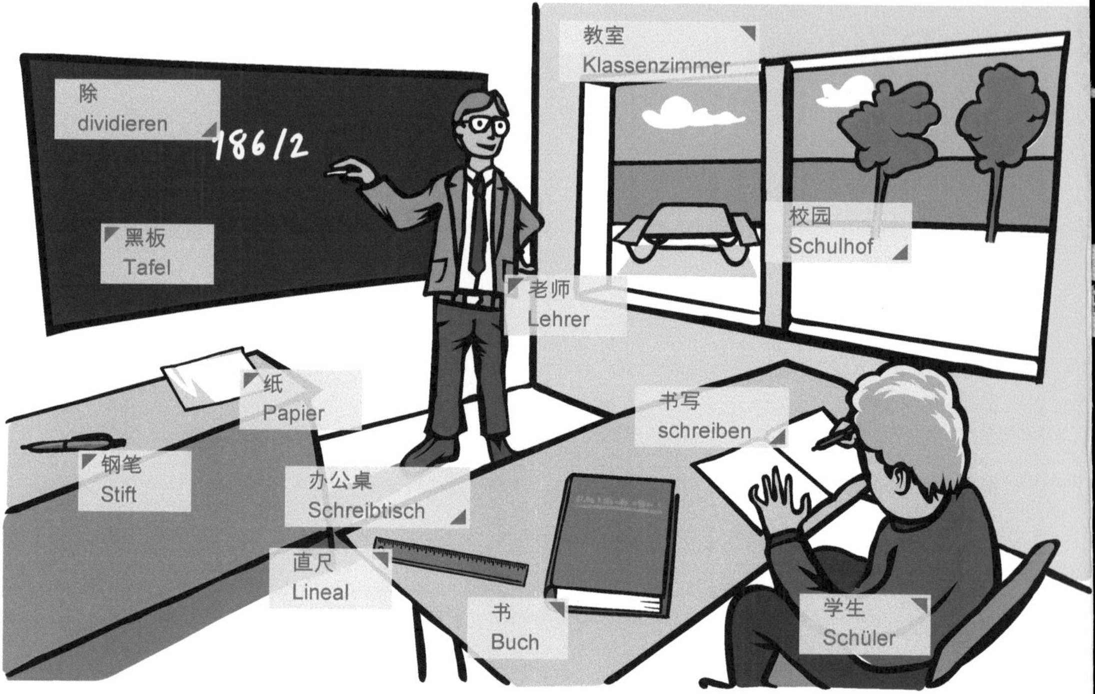

教室
Klassenzimmer
除
dividieren
186/2
黑板
Tafel
校园
Schulhof
老师
Lehrer
纸
Papier
书写
schreiben
钢笔
Stift
办公桌
Schreibtisch
直尺
Lineal
书
Buch
学生
Schüler

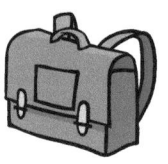

书包

Ranzen

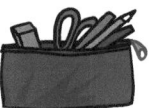

铅笔盒

Federmappe

铅笔

Bleistift

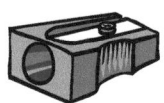

卷笔刀

Bleistiftanspitzer

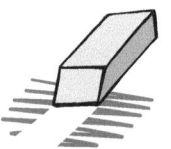

橡皮擦

Radiergummi

画板

Zeichenblock

图画
Zeichnung

画笔
Pinsel

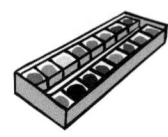

颜料盒
Malkasten

剪刀
Schere

胶水
Klebstoff

练习册
Übungsheft

家庭作业
Hausaufgabe

12

数字
Zahl

2+2

加
addieren

5-2

减
subtrahieren

2×2

乘
multiplizieren

计算
rechnen

A

字母
Buchstabe

ABCDEFG
HIJKLMN
OPQRSTU
VWXYZ

字母表
Alphabet

hello

字
Wort

课文

Text

读

lesen

粉笔

Kreide

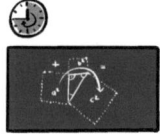

上课

Stunde

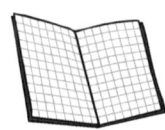

登记

Klassenbuch

考试

Prüfung

证书

Zeugnis

校服

Schuluniform

教育

Ausbildung

百科全书

Lexikon

大学

Universität

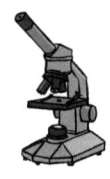

显微镜

Mikroskop

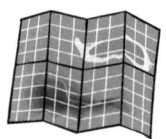

地图

Karte

废纸筐

Papierkorb

酒店
Hotel

青年旅社
Herberge

ROOMS

外币兑换处
Wechselstube

EXCHANGE

手提箱
Koffer

汽车
Auto

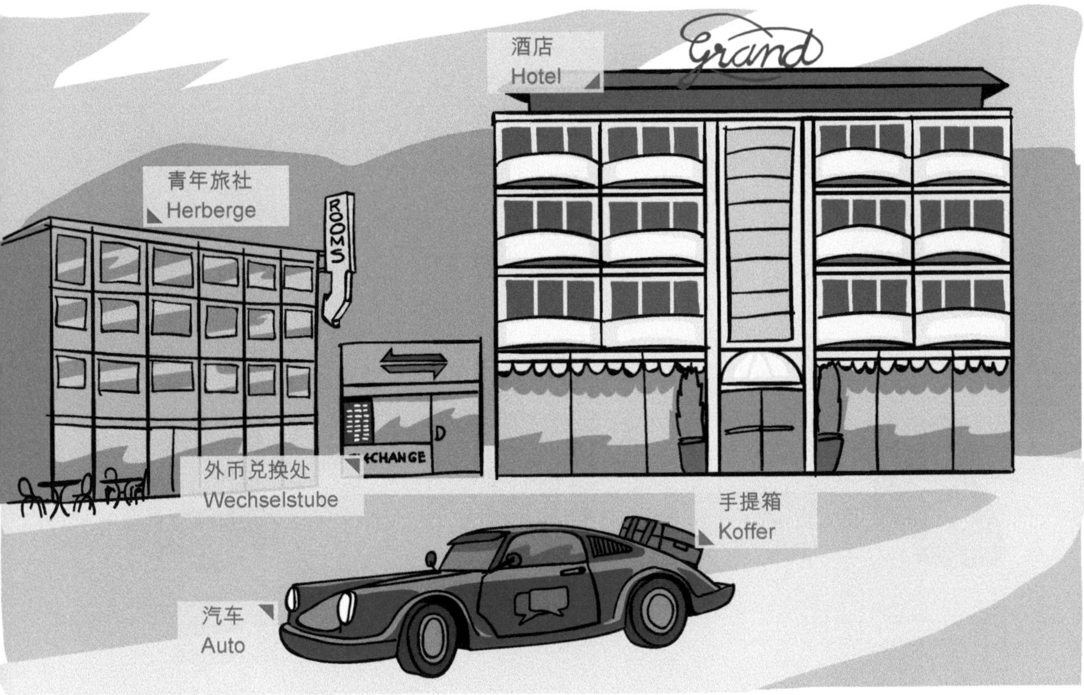

语言
....
Sprache

是/否
....
ja / nein

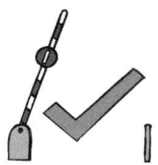

好的
....
Okay

您好
....
Hallo

翻译员
....
Übersetzer

谢谢
....
Danke

……多少钱？

Was kostet…?

我不明白

Ich verstehe nicht

问题

Problem

晚上好！

Guten Abend!

早上好！

Guten Morgen!

晚安！

Gute Nacht!

再见

Auf Wiedersehen

方向

Richtung

行李

Gepäck

包

Tasche

双肩包

Rucksack

客人

Gast

房间

Zimmer

睡袋

Schlafsack

帐篷

Zelt

旅游信息

Touristeninformation

海滩

Strand

信用卡

Kreditkarte

早餐

Frühstück

午餐

Mittagessen

晚餐

Abendessen

票

Fahrkarte

电梯

Fahrstuhl

邮票

Briefmarke

边界

Grenze

海关

Zoll

大使馆

Botschaft

签证

Visum

护照

Pass

交通运输

Transport

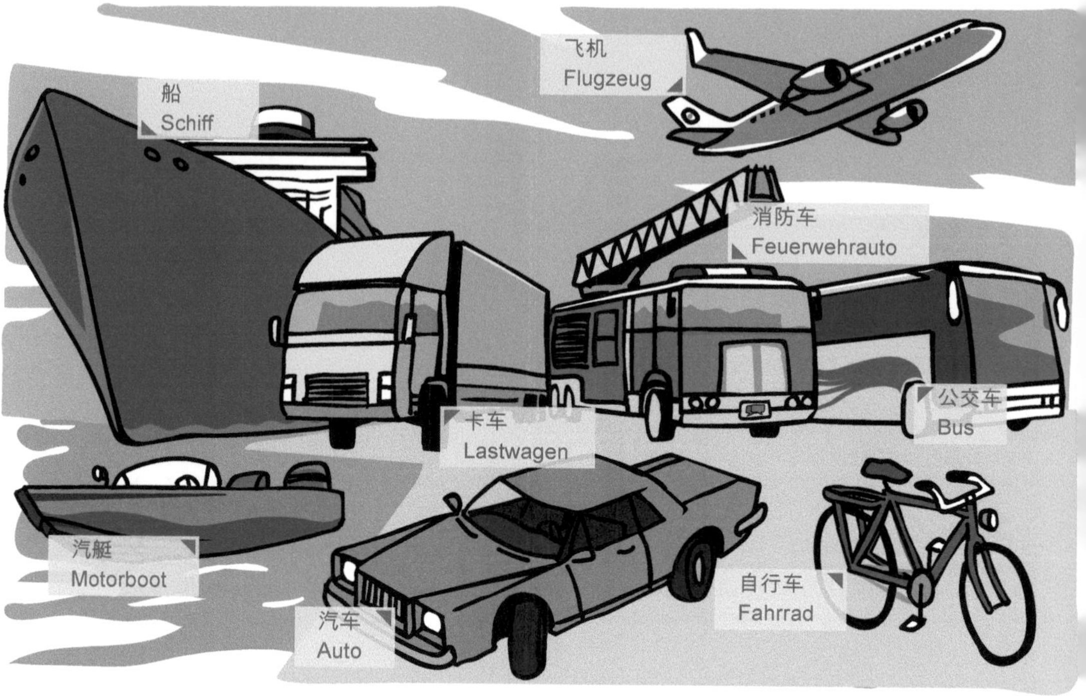

飞机
Flugzeug
船
Schiff
消防车
Feuerwehrauto
公交车
Bus
卡车
Lastwagen
汽艇
Motorboot
自行车
Fahrrad
汽车
Auto

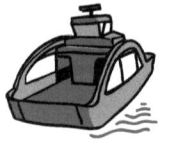

摆渡船

Fähre

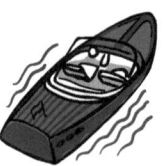

小船

Boot

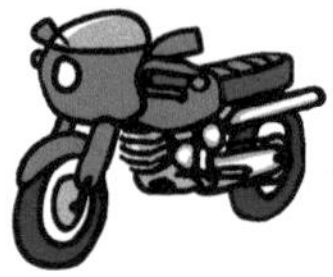

摩托车

Motorrad

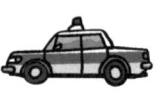

警车

Polizeiauto

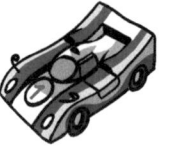

赛车

Rennauto

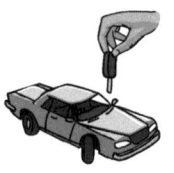

租车

Mietwagen

拼车

Carsharing

拖车

Abschleppwagen

垃圾车

Müllauto

发动机

Motor

汽油

Kraftstoff

加油站

Tankstelle

交通标志

Verkehrsschild

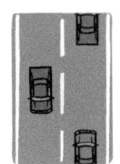

交通

Verkehr

交通堵塞

Stau

停车场

Parkplatz

火车站

Bahnhof

轨道

Schienen

火车

Zug

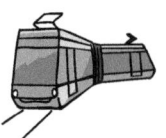

电车

Straßenbahn

货车

Wagon

交通运输 - Transport

直升机

Helikopter

机场

Flughafen

塔

Tower

乘客

Passagier

集装箱

Container

纸板箱

Karton

手推车

Karren

篮子

Korb

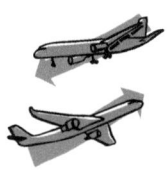

起飞/降落

starten / landen

城市

Stadt

村庄

Dorf

市中心

Stadtzentrum

房子

Haus

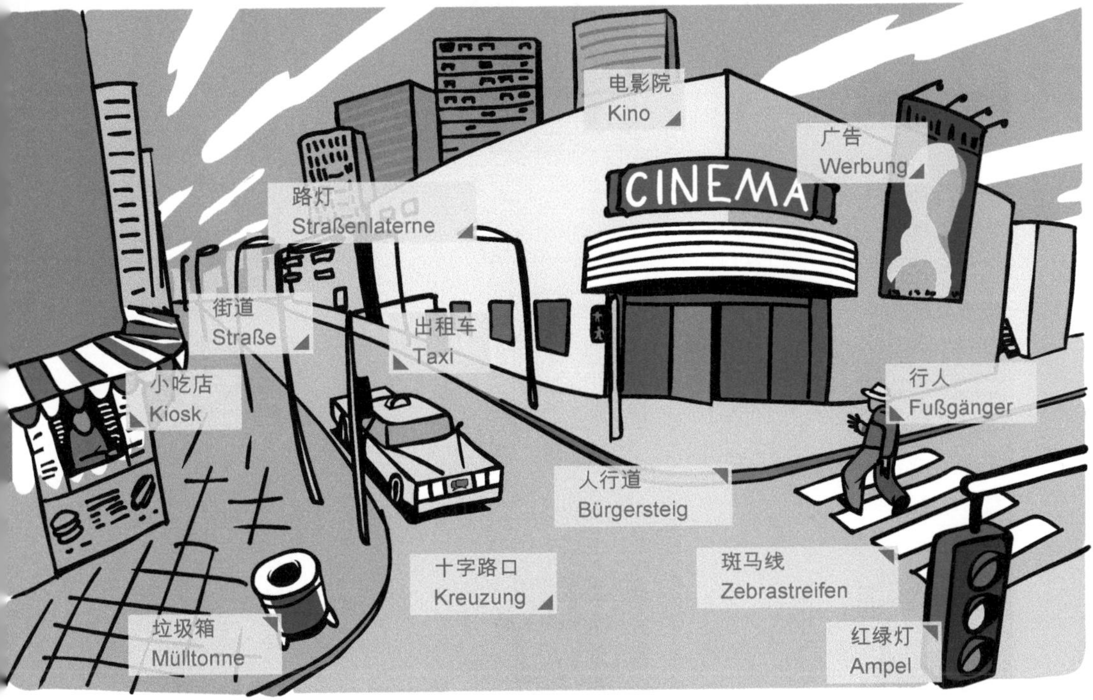
电影院
Kino
广告
Werbung
CINEMA
路灯
Straßenlaterne
街道
Straße
出租车
Taxi
小吃店
Kiosk
行人
Fußgänger
人行道
Bürgersteig
十字路口
Kreuzung
斑马线
Zebrastreifen
垃圾箱
Mülltonne
红绿灯
Ampel

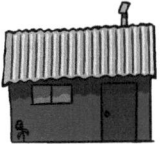

小屋

Hütte

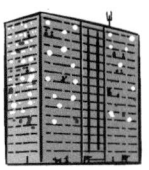

公寓

Wohnung

火车站

Bahnhof

市政厅

Rathaus

MUSEUM

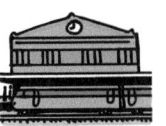

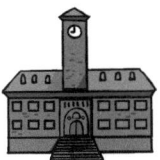

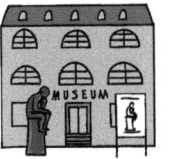

博物馆

Museum

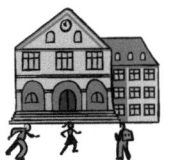

学校

Schule

大学
Universität

银行
Bank

医院
Krankenhaus

酒店
Hotel

药房
Apotheke

办公室
Büro

书店
Buchhandlung

商店
Geschäft

花店
Blumenladen

超市
Supermarkt

市场
Markt

百货商店
Kaufhaus

鱼店
Fischhändler

购物中心
Einkaufszentrum

海港
Hafen

公园

Park

长凳

Bank

桥

Brücke

楼梯

Treppe

地铁

U-Bahn

隧道

Tunnel

公交车站

Bushaltestelle

酒吧

Bar

餐馆

Restaurant

邮筒

Briefkasten

路标

Straßenschild

停车计时器

Parkuhr

动物园

Zoo

游泳馆

Badeanstalt

清真寺

Moschee

农场
Bauernhof

污染
Umweltverschmutzung

墓地
Friedhof

教堂
Kirche

操场
Spielplatz

寺庙
Tempel

地形
Landschaft

树叶
Blatt

指示牌
Wegweiser

路
Weg

草地
Wiese

石头
Stein

树
Baum

徒步旅行者
Wanderer

河
Fluss

草
Gras

花
Blume

峡谷
Tal

山
Berg

湖
See

森林
Wald

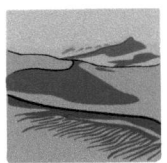

沙漠
Wüste

火山
Vulkan

城堡
Schloss

彩虹
Regenbogen

蘑菇
Pilz

棕榈树
Palme

蚊子
Moskito

苍蝇
Fliege

蚂蚁
Ameise

蜜蜂
Biene

蜘蛛
Spinne

甲虫

Käfer

青蛙

Frosch

松鼠

Eichhörnchen

刺猬

Igel

野兔

Hase

猫头鹰

Eule

鸟

Vogel

天鹅

Schwan

野猪

Wildschwein

鹿

Hirsch

麋鹿

Elch

水坝

Staudamm

风力发电机

Windrad

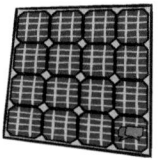

太阳能电池板

Solarmodul

气候

Klima

餐馆
Restaurant

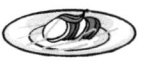

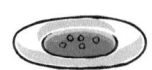

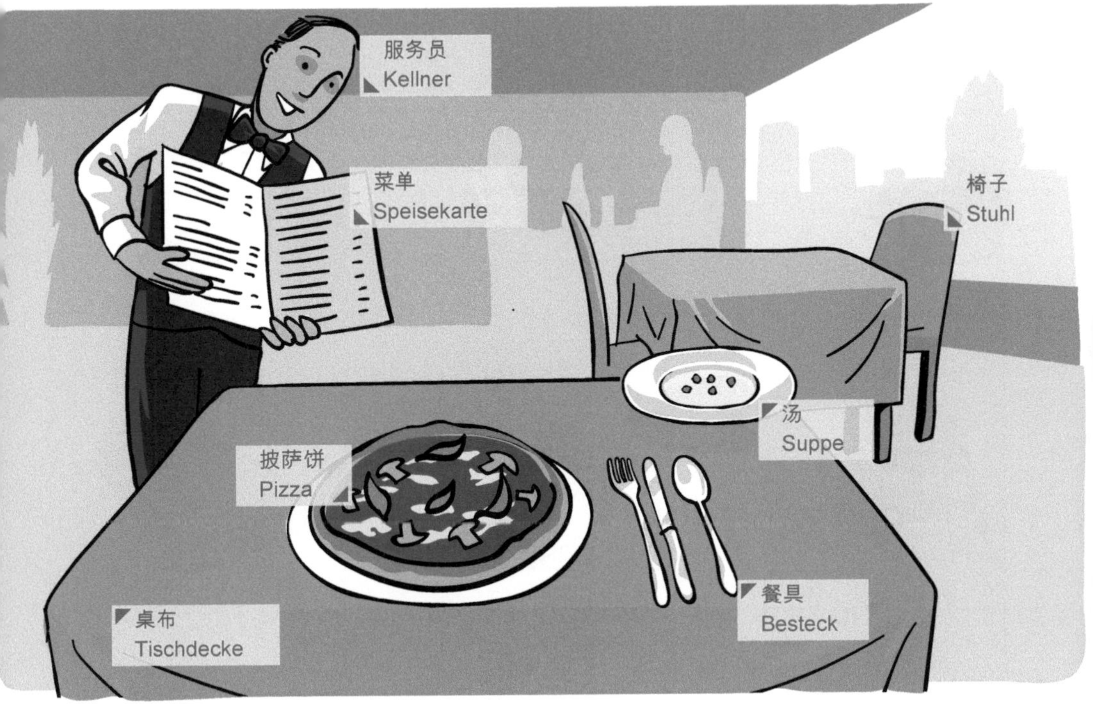
服务员
Kellner
菜单
Speisekarte
椅子
Stuhl
汤
Suppe
披萨饼
Pizza
餐具
Besteck
桌布
Tischdecke

前菜

Vorspeise

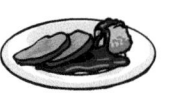

主菜

Hauptgericht

甜点

Nachspeise

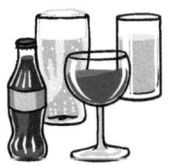

饮料

Getränke

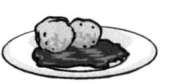

食物

Essen

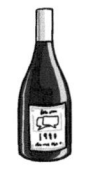

瓶子

Flasche

快餐
Fastfood

街边小吃
Streetfood

茶壶
Teekanne

糖盒
Zuckerdose

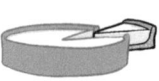

一份饭菜
Portion

意式咖啡机
Espressomaschine

高脚椅
Hochstuhl

账单
Rechnung

托盘
Tablett

刀
Messer

餐叉
Gabel

勺子
Löffel

茶匙
Teelöffel

餐巾
Serviette

玻璃杯
Glas

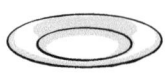

碟子

Teller

汤盘

Suppenteller

碟子

Untertasse

酱

Sauce

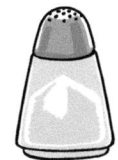

盐瓶

Salzstreuer

胡椒磨

Pfeffermühle

醋

Essig

食用油

Öl

调味料

Gewürze

番茄酱

Ketchup

芥末

Senf

蛋黄酱

Mayonnaise

超市

Supermarkt

特价
Angebot
FOR
顾客
Kunde
乳制品
Milchprodukte
水果
Obst
购物车
Einkaufswagen

BUTCHERS

肉铺

Schlachterei

BAKERY

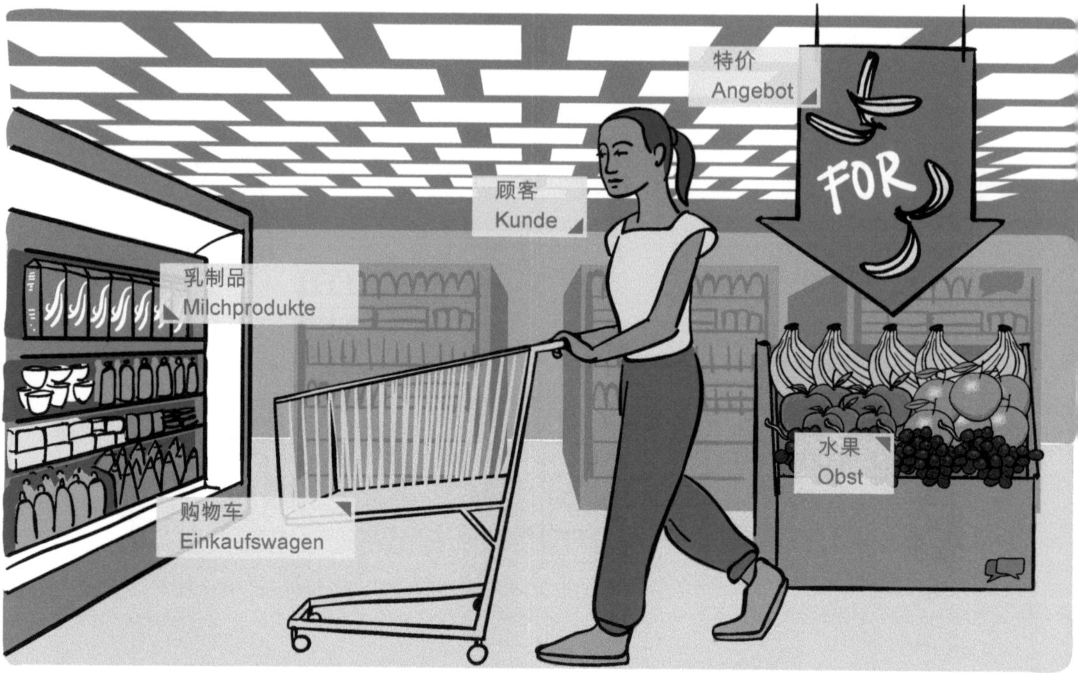

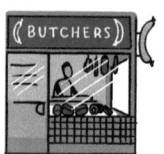

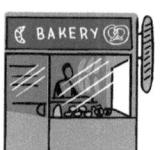

面包房

Bäckerei

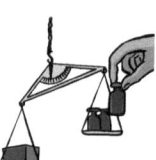

称重

wiegen

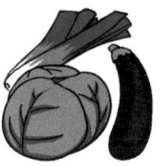

蔬菜

Gemüse

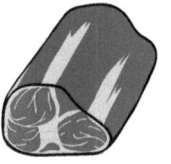

肉

Fleisch

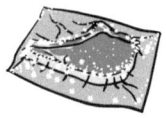

冷冻食品

Tiefkühlkost

冷盘
Aufschnitt

罐头食品
Konserven

洗衣粉
Waschmittel

甜食
Süßigkeiten

日用品
Haushaltsartikel

清洁用品
Reinigungsmittel

销售员
Verkäuferin

收银机
Kasse

收银员
Kassierer

购物清单
Einkaufsliste

开放时间
Öffnungszeiten

钱包
Brieftasche

信用卡
Kreditkarte

袋子
Tasche

塑料袋
Plastiktüte

水
....
Wasser

果汁
....
Saft

牛奶
....
Milch

可乐
....
Cola

红酒
....
Wein

啤酒
....
Bier

酒
....
Alkohol

可可
....
Kakao

茶
....
Tee

咖啡
....
Kaffee

意式浓缩咖啡
....
Espresso

卡布奇诺
....
Cappuccino

香蕉

Banane

苹果

Apfel

橙子

Orange

西瓜

Melone

柠檬

Zitrone

胡萝卜

Karotte

大蒜

Knoblauch

竹子

Bambus

洋葱

Zwiebel

蘑菇

Pilz

坚果

Nüsse

面条

Nudeln

意大利面条
Spaghetti

米饭
Reis

沙拉
Salat

薯条
Pommes frites

炸土豆
Bratkartoffeln

披萨饼
Pizza

汉堡包
Hamburger

三明治
Sandwich

炸猪排
Schnitzel

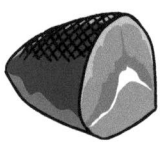

火腿
Schinken

萨拉米
Salami

香肠
Wurst

鸡肉
Huhn

烤肉
Braten

鱼
Fisch

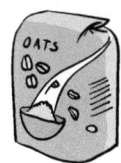

燕麦片
Haferflocken

穆兹利
Müsli

玉米片
Cornflakes

面粉
Mehl

羊角面包
Croissant

面包卷
Brötchen

面包
Brot

烤面包
Toast

饼干
Kekse

黄油
Butter

凝乳
Quark

蛋糕
Kuchen

蛋
Ei

煎蛋
Spiegelei

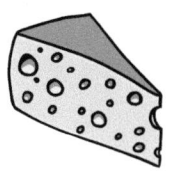

奶酪
Käse

冰激凌

Eiscreme

糖

Zucker

蜂蜜

Honig

果酱

Marmelade

巧克力酱

Nougat-Creme

咖喱饭

Curry

农场
Bauernhof

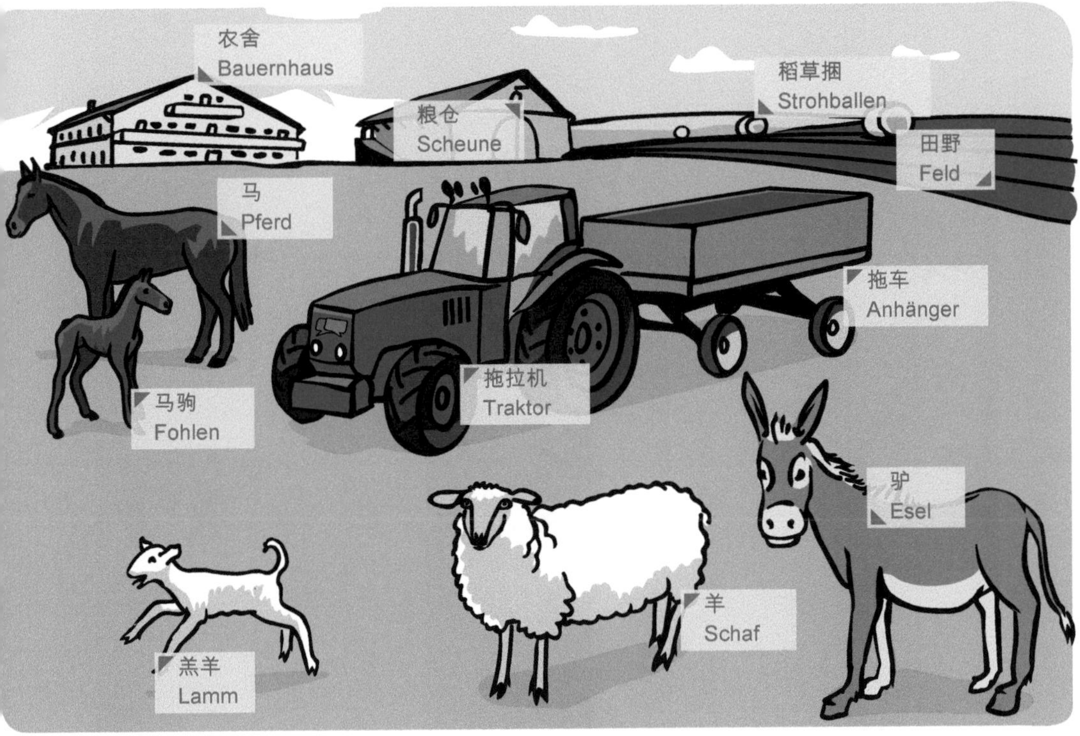
农舍
Bauernhaus
粮仓
Scheune
稻草捆
Strohballen
田野
Feld
马
Pferd
拖车
Anhänger
拖拉机
Traktor
马驹
Fohlen
驴
Esel
羊
Schaf
羔羊
Lamm

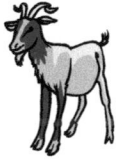

山羊

Ziege

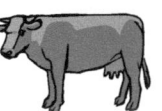

奶牛

Kuh

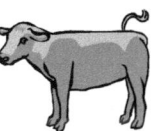

牛犊

Kalb

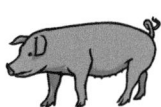

猪

Schwein

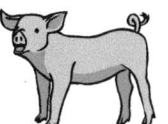

小猪

Ferkel

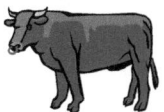

公牛

Bulle

鹅
Gans

鸭
Ente

小鸡
Küken

母鸡
Huhn

公鸡
Hahn

鼠
Ratte

猫
Katze

老鼠
Maus

牛
Ochse

狗
Hund

狗屋
Hundehütte

花园浇水软管
Gartenschlauch

洒水壶
Gießkanne

长柄大镰刀
Sense

犁
Pflug

镰刀

Sichel

锄头

Hacke

长柄草耙

Mistgabel

斧头

Axt

独轮手推车

Schubkarre

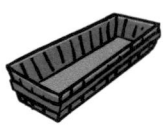

饲料槽

Trog

牛奶罐

Milchkanne

麻布袋

Sack

栅栏

Zaun

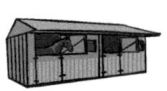

马厩

Stall

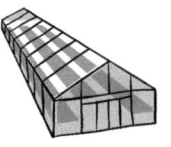

温室

Treibhaus

土壤

Boden

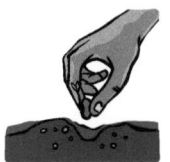

种子

Saat

肥料

Dünger

联合收割机

Mähdrescher

收割

ernten

收割

Ernte

山药

Yamswurzel

小麦

Weizen

大豆

Soja

土豆

Kartoffel

玉米

Mais

油菜籽

Raps

果树

Obstbaum

树薯

Maniok

谷物

Getreide

房子

Haus

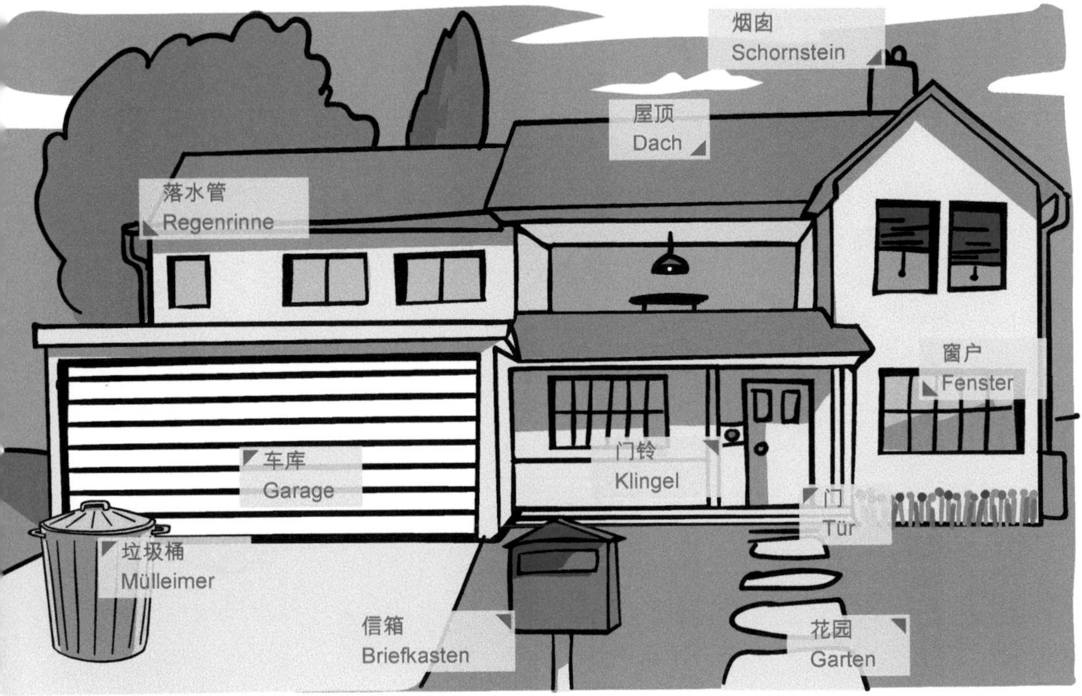
烟囱
Schornstein
屋顶
Dach
落水管
Regenrinne
窗户
Fenster
门铃
Klingel
车库
Garage
门
Tür
垃圾桶
Mülleimer
信箱
Briefkasten
花园
Garten

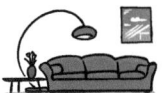

客厅

Wohnzimmer

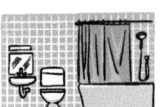

浴室

Badezimmer

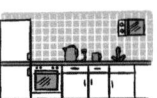

厨房

Küche

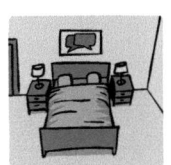

卧室

Schlafzimmer

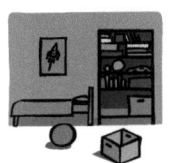

儿童房

Kinderzimmer

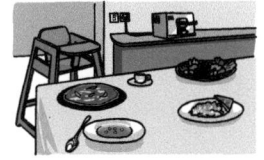

餐厅

Esszimmer

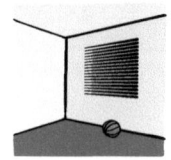

地板
Boden

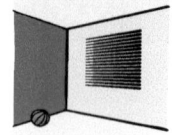

墙壁
Wand

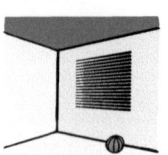

吊顶
Decke

地窖
Keller

桑拿
Sauna

阳台
Balkon

露台
Terrasse

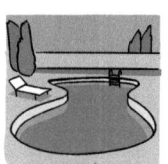

游泳池
Schwimmbad

割草机
Rasenmäher

被单
Bettbezug

床罩
Bettdecke

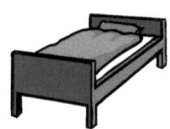

床
Bett

扫帚
Besen

水桶
Eimer

开关
Schalter

Wohnzimmer

壁纸
Tapete
照片
Bild
台灯
Lampe
搁架
Regal
橱柜
Schrank
电视机
Fernseher
壁炉
Kamin
花
Blume
垫子
Kissen
沙发
Sofa
花瓶
Vase
遥控器
Fernbedienung

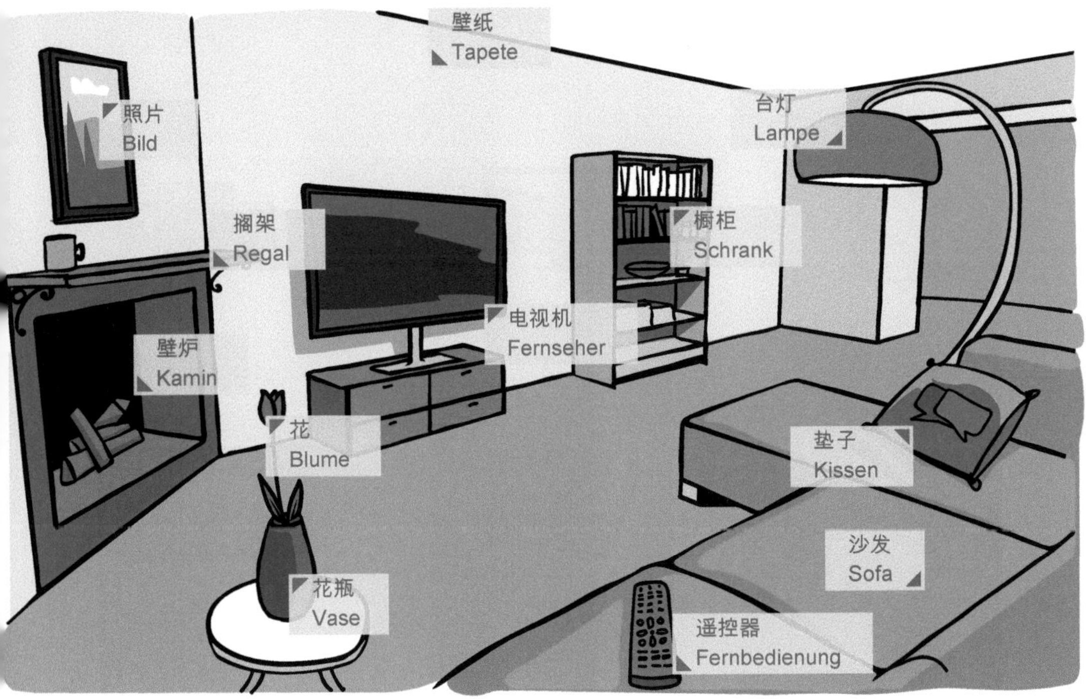

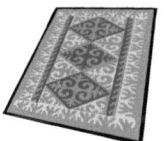

地毯

Teppich

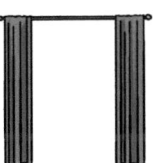

窗帘

Vorhang

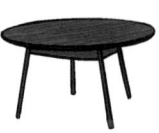

餐桌

Tisch

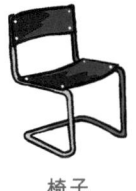

椅子

Stuhl

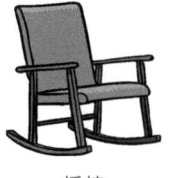

摇椅

Schaukelstuhl

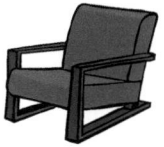

扶手椅

Sessel

书

Buch

毯子

Decke

装饰品

Dekoration

木柴

Feuerholz

电影

Film

高保真音响

Stereoanlage

钥匙

Schlüssel

报纸

Zeitung

油画

Gemälde

海报

Poster

收音机

Radio

笔记本

Notizblock

吸尘器

Staubsauger

仙人掌

Kaktus

蜡烛

Kerze

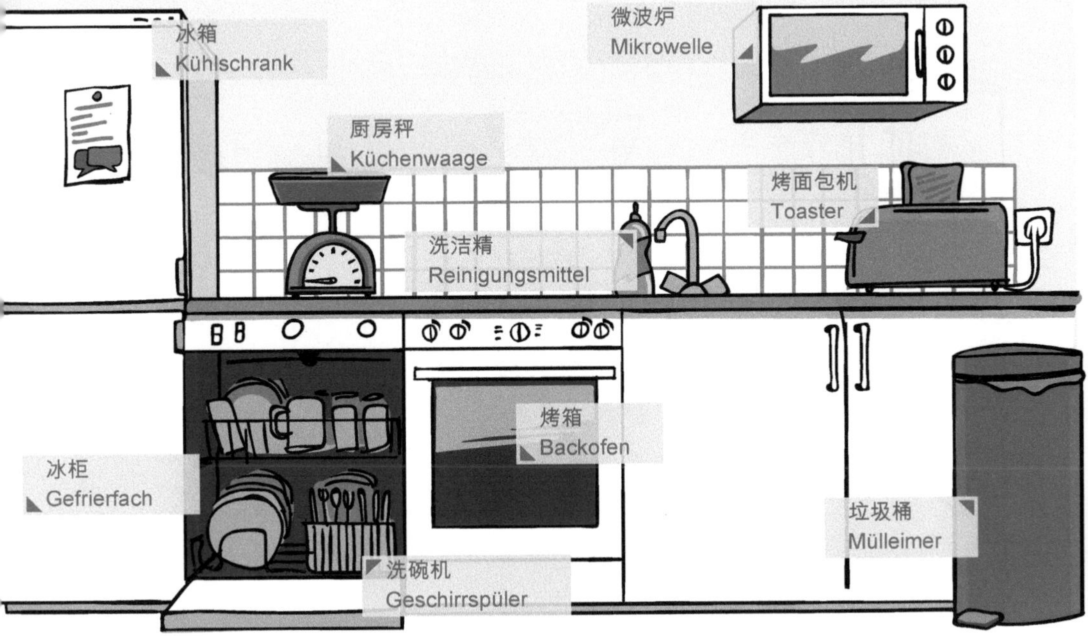

冰箱
▶ Kühlschrank

微波炉
Mikrowelle

厨房秤
Küchenwaage

烤面包机
Toaster

洗洁精
Reinigungsmittel

烤箱
Backofen

冰柜
Gefrierfach ▶

垃圾桶
Mülleimer ▶

洗碗机
Geschirrspüler

炊具
Herd

锅
Topf

铸铁锅
Eisentopf

炒锅
Wok / Kadai

平底锅
Pfanne

水壶
Wasserkocher

蒸锅

Dampfgarer

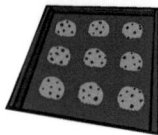

烤盘

Backblech

陶瓷锅

Geschirr

马克杯

Becher

碗

Schale

筷子

Essstäbchen

长柄勺

Suppenkelle

铲子

Pfannenwender

搅拌器

Schneebesen

滤网

Kochsieb

筛子

Sieb

磨碎机

Reibe

研钵

Mörser

烧烤

Grill

明火

Feuerstelle

菜板
Schneidebrett

擀面杖
Nudelholz

开瓶器
Korkenzieher

罐子
Dose

开罐器
Dosenöffner

隔热手套
Topflappen

水槽
Waschbecken

刷子
Bürste

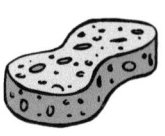

海绵
Schwamm

搅拌机
Mixer

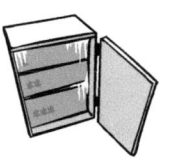

冷藏箱
Gefriertruhe

奶瓶
Babyflasche

水龙头
Wasserhahn

厨房 - Küche

浴室

Badezimmer

供暖设备
Heizung
淋浴
Dusche
毛巾
Handtuch
浴帘
Duschvorhang
泡沫浴
Schaumbad
浴缸
Badewanne
玻璃杯
Glas
洗衣机
Waschmaschine
水龙头
Wasserhahn
瓷砖
Fliesen
便壶
Töpfchen
水槽
Waschbecken

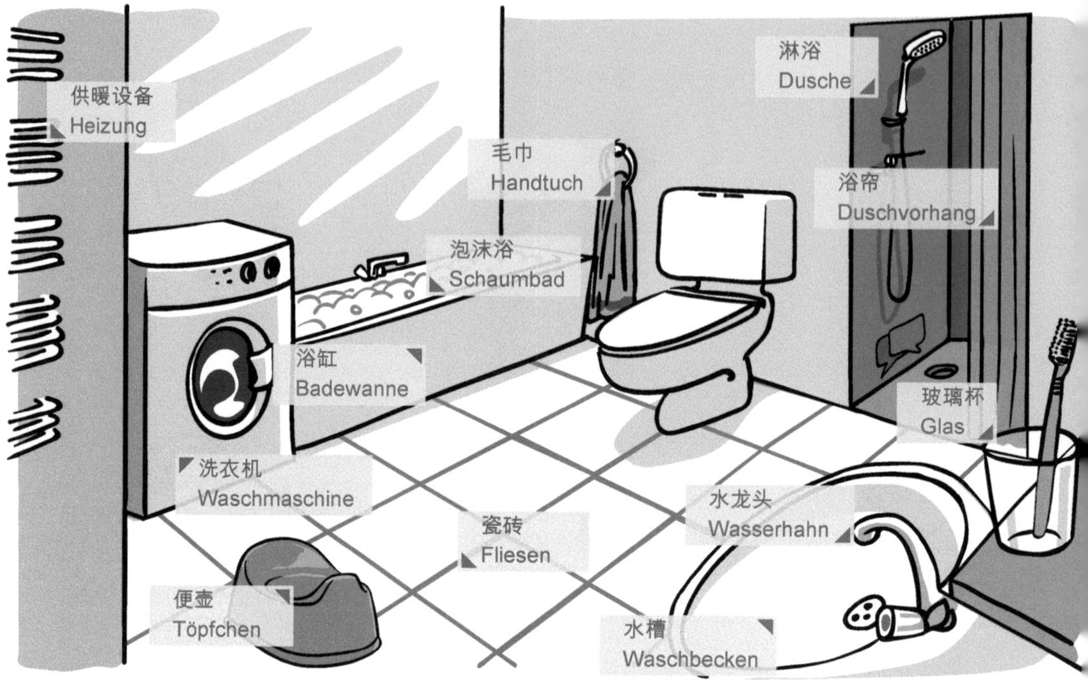

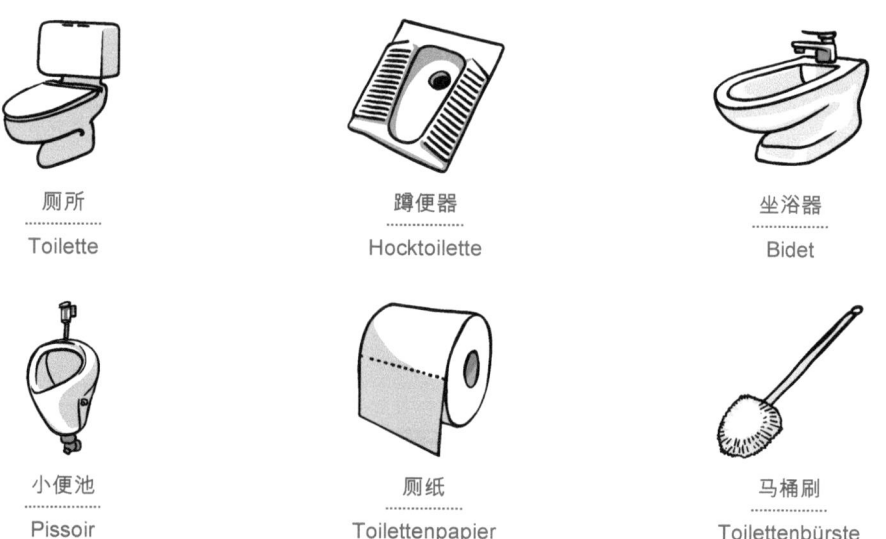

厕所

Toilette

蹲便器

Hocktoilette

坐浴器

Bidet

小便池

Pissoir

厕纸

Toilettenpapier

马桶刷

Toilettenbürste

牙刷
Zahnbürste

牙膏
Zahnpasta

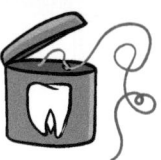

牙线
Zahnseide

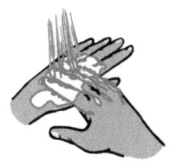

洗
waschen

手持式喷淋头
Handbrause

冲洗器
Intimdusche

洗脸盆
Waschschüssel

擦背刷
Rückenbürste

肥皂
Seife

沐浴露
Duschgel

洗发水
Shampoo

法兰绒
Waschlappen

排水
Abfluss

乳霜
Creme

除臭剂
Deodorant

浴室 - Badezimmer

镜子
Spiegel

手镜
Kosmetikspiegel

剃须刀
Rasierer

剃须泡沫
Rasierschaum

须后水
Rasierwasser

梳子
Kamm

刷子
Bürste

吹风机
Föhn

喷发定型剂
Haarspray

化妆品
Makeup

唇膏
Lippenstift

指甲油
Nagellack

化妆棉
Watte

指甲剪
Nagelschere

香水
Parfum

洗漱包

Kulturbeutel

凳子

Hocker

计重秤

Waage

浴袍

Bademantel

橡胶手套

Gummihandschuhe

卫生棉条

Tampon

卫生巾

Damenbinde

化学厕所

Chemietoilette

儿童房
Kinderzimmer

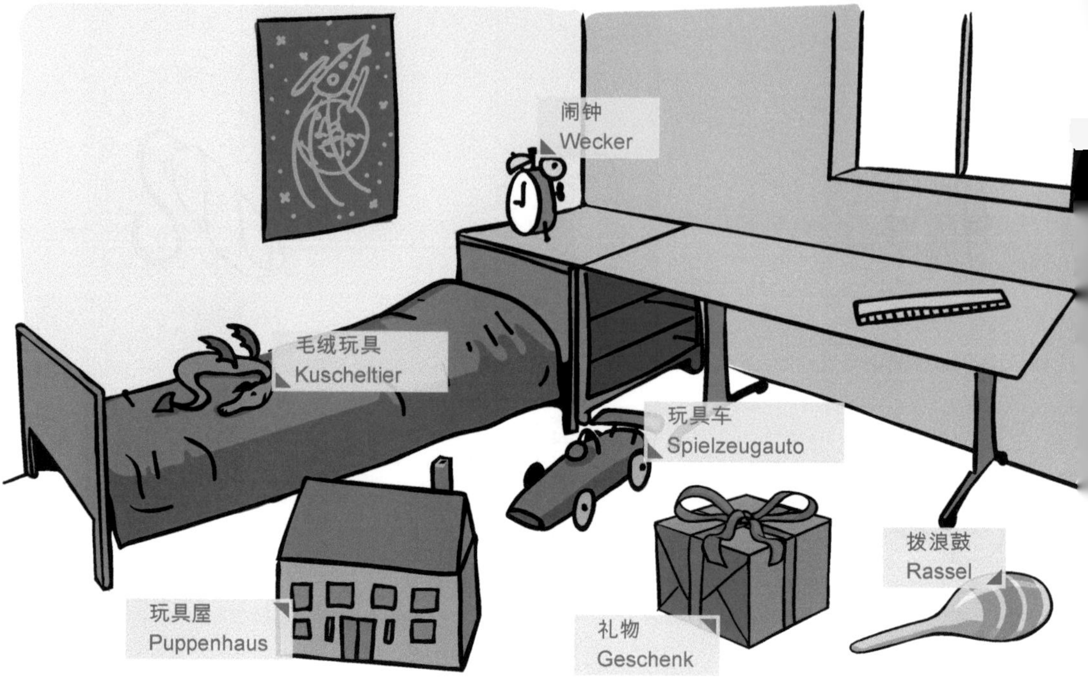

闹钟
Wecker
毛绒玩具
Kuscheltier
玩具车
Spielzeugauto
拨浪鼓
Rassel
玩具屋
Puppenhaus
礼物
Geschenk

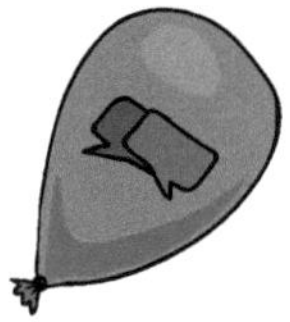

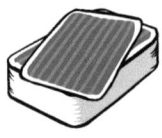

气球

Ballon

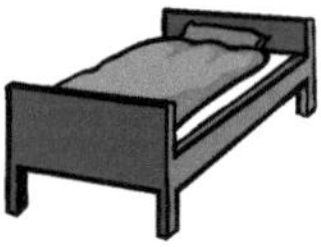

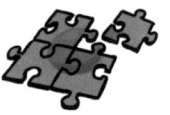

床

Bett

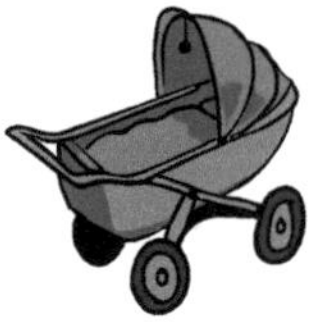

（洋娃娃用）婴儿车

Kinderwagen

扑克牌

Kartenspiel

拼图

Puzzle

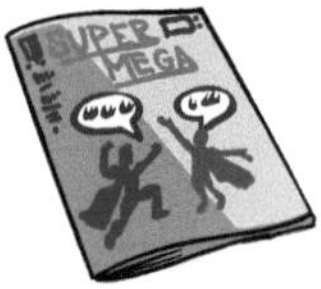

漫画

Comic

乐高积木

Legosteine

积木玩具

Bausteine

玩具人

Action Figur

婴儿服

Strampelanzug

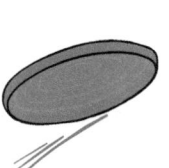

飞盘

Frisbee

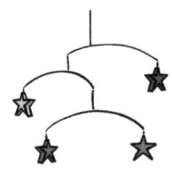

床铃玩具

Mobile

棋盘游戏

Brettspiel

骰子

Würfel

火车模型

Modelleisenbahn

安抚奶嘴

Schnuller

聚会

Party

绘本

Bilderbuch

球

Ball

洋娃娃

Puppe

玩

spielen

沙坑

Sandkasten

秋千

Schaukel

玩具

Spielzeug

游戏机

Spielkonsole

三轮车

Dreirad

泰迪熊

Teddy

衣柜

Kleiderschrank

衣服

Kleidung

袜子

Socken

长袜

Strümpfe

紧身裤

Strumpfhose

围巾
Schal

雨伞
Regenschirm

T恤
T-Shirt

皮带
Gürtel

靴子
Stiefel

拖鞋
Hausschuhe

运动鞋
Turnschuhe

凉鞋
Sandalen

鞋
Schuhe

雨靴
Gummistiefel

内裤
Unterhose

胸罩
Büstenhalter

背心
Unterhemd

衣服 - Kleidung

身体

Body

裤子

Hose

牛仔裤

Jeans

短裙

Rock

女式衬衫

Bluse

衬衫

Hemd

套头衫

Pullover

卫衣

Kapuzenpullover

西装夹克

Blazer

夹克

Jacke

外套

Mantel

雨衣

Regenmantel

套装

Kostüm

连衣裙

Kleid

婚纱

Hochzeitskleid

西装

Anzug

睡袍

Nachthemd

睡衣

Schlafanzug

莎丽

Sari

头巾

Kopftuch

包头巾

Turban

波卡

Burka

卡夫坦

Kaftan

(阿拉伯式)长袍长袍

Abaya

泳衣

Badeanzug

男式泳裤

Badehose

短裤

Kurze Hose

运动服

Trainingsanzug

围裙

Schürze

手套

Handschuhe

纽扣

Knopf

眼镜

Brille

手链

Armband

项链

Halskette

戒指

Ring

耳环

Ohrring

便帽

Mütze

衣架

Kleiderbügel

帽子

Hut

领带

Krawatte

拉链

Reißverschluss

头盔

Helm

背带

Hosenträger

校服

Schuluniform

制服

Uniform

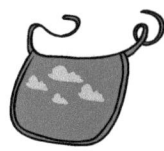

围兜

Lätzchen

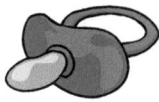

安抚奶嘴

Schnuller

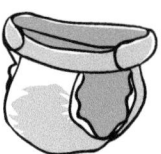

尿不湿

Windel

办公室
Büro

服务器
Server
文件柜
Aktenschrank
打印机
Drucker
显示屏
Monitor
纸
Papier
鼠标
Maus
办公桌
Schreibtisch
文件夹
Ordner
键盘
Tastatur
椅子
Stuhl
废纸篓
Papierkorb
电脑
Computer

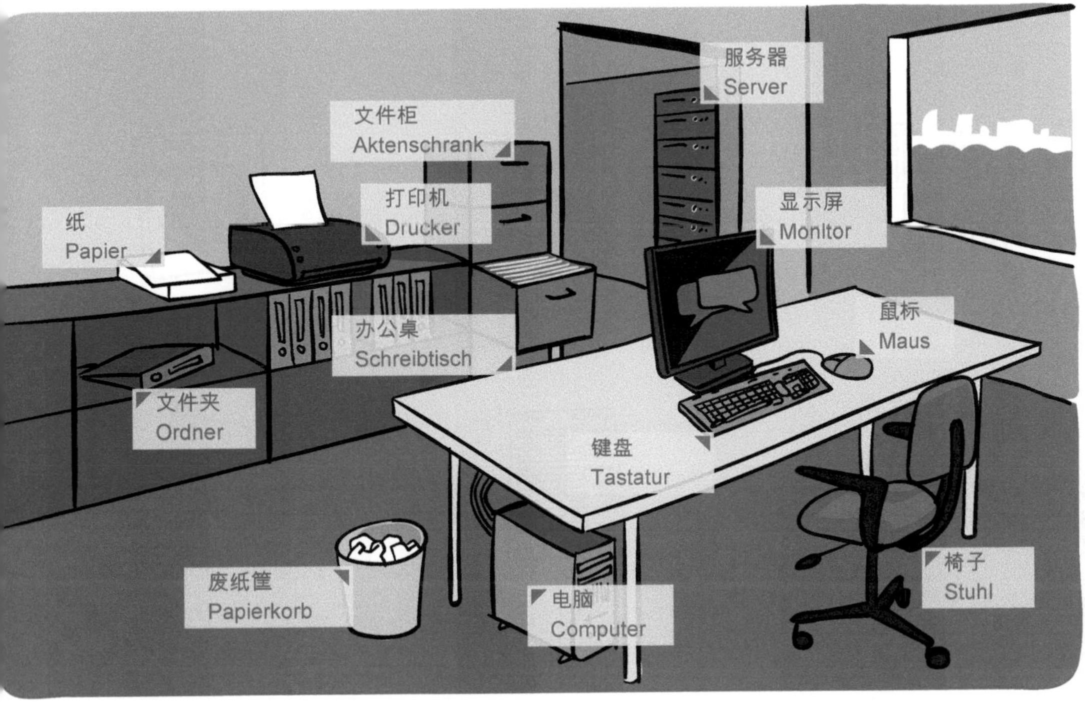

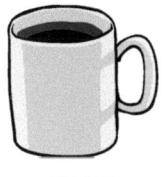

咖啡杯

Kaffeebecher

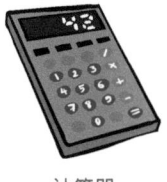

计算器

Taschenrechner

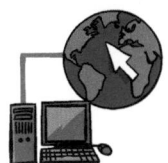

因特网

Internet

笔记本电脑
Laptop

信件
Brief

消息
Nachricht

手机
Handy

网络
Netzwerk

复印机
Kopierer

软件
Software

电话
Telefon

插座
Steckdose

传真机
Fax

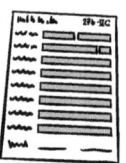

表格
Formular

文件
Dokument

买
....
kaufen

付钱
....
bezahlen

交易
....
handeln

现金
....
Geld

美元
....
Dollar

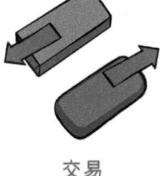

欧元
....
Euro

日元
....
Yen

卢布
....
Rubel

瑞士法郎
....
Franken

人民币
....
Renminbi Yuan

卢比
....
Rupie

提款处
....
Geldautomat

外币兑换处
....
Wechselstube

金
....
Gold

银
....
Silber

石油
....
Öl

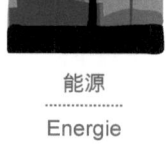

能源
....
Energie

价格
....
Preis

合同
....
Vertrag

税金
....
Steuer

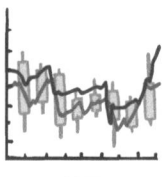

股票
....
Aktie

工作
....
arbeiten

职员
....
Angestellter

老板
....
Arbeitgeber

工厂
....
Fabrik

商店
....
Geschäft

警官
Polizist

消防员
Feuerwehrmann

厨师
Koch

医生
Arzt

飞行员
Pilot

园丁
Gärtner

木匠
Tischler

裁缝
Näherin

法官
Richter

化学家
Chemiker

演员
Schauspieler

公交车司机

Busfahrer

出租车司机

Taxifahrer

渔夫

Fischer

清洁女工

Putzfrau

屋顶工

Dachdecker

服务员

Kellner

猎人

Jäger

画家

Maler

面包师

Bäcker

电工

Elektriker

建筑工人

Bauarbeiter

工程师

Ingenieur

屠夫

Schlachter

水管工

Klempner

邮递员

Postbote

士兵

Soldat

建筑师

Architekt

收银员

Kassierer

花农

Florist

理发师

Friseur

售票员

Schaffner

机械师

Mechaniker

船长

Kapitän

牙医

Zahnarzt

科学家

Wissenschaftler

拉比

Rabbi

伊玛目

Imam

和尚

Mönch

牧师

Geistlicher

工具
Werkzeuge

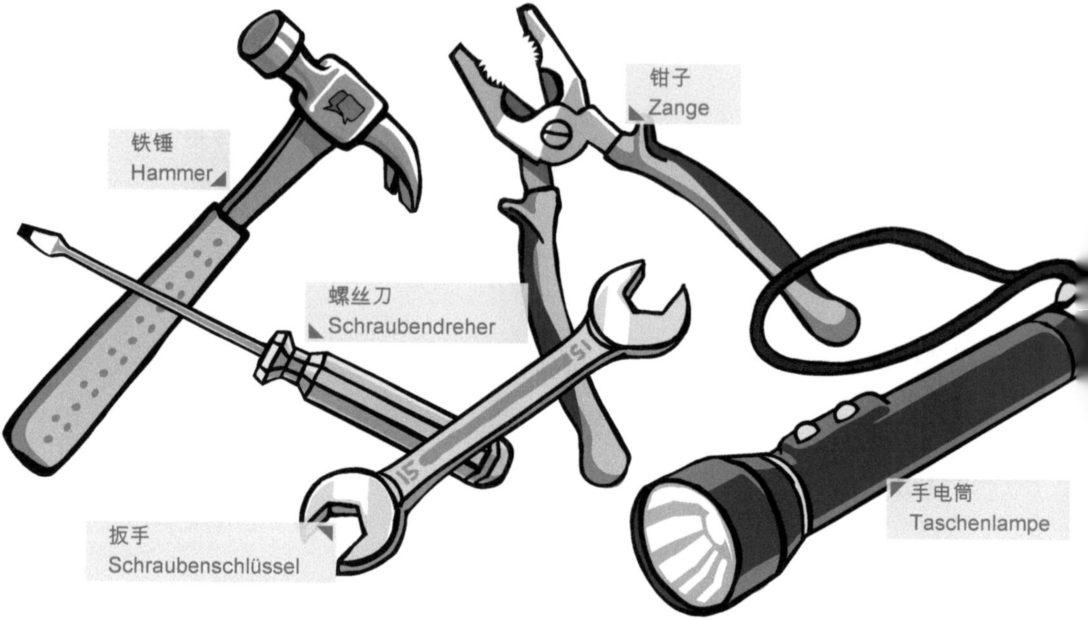
铁锤
Hammer
钳子
Zange
螺丝刀
Schraubendreher
手电筒
Taschenlampe
扳手
Schraubenschlüssel

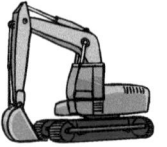

挖掘机

Bagger

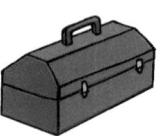

工具箱

Werkzeugkasten

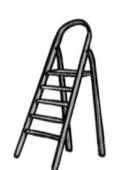

梯子

Leiter

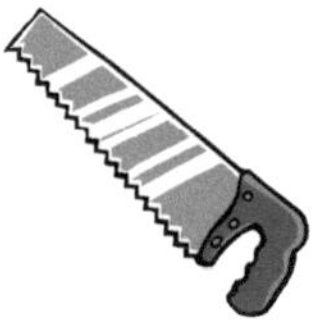

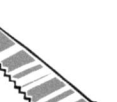

锯子

Säge

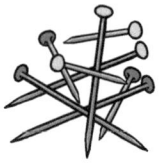

钉子

Nägel

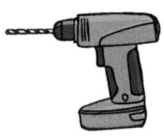

钻机

Bohrer

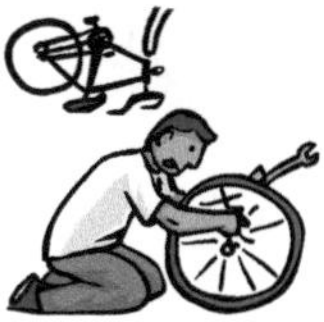

修

reparieren

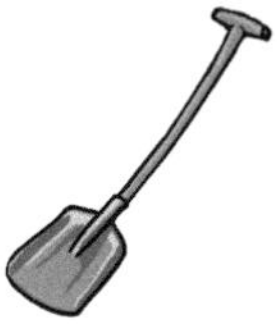

铲子

Schaufel

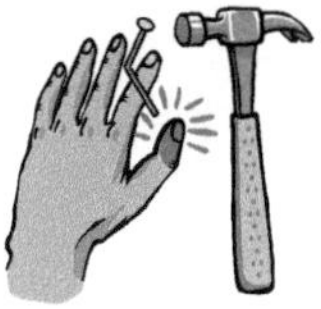

靠！

Mist!

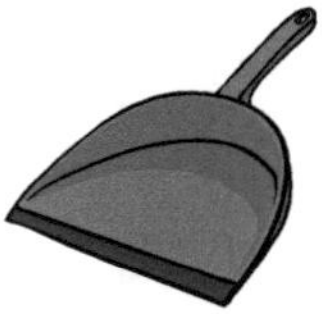

簸箕

Kehrblech

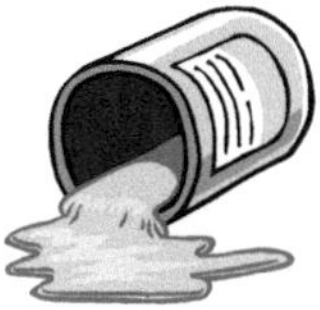

油漆桶

Farbtopf

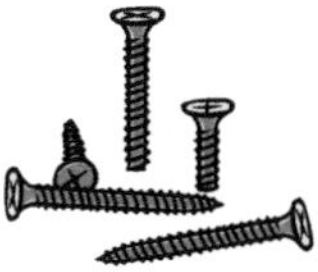

螺丝

Schrauben

乐器
Musikinstrumente

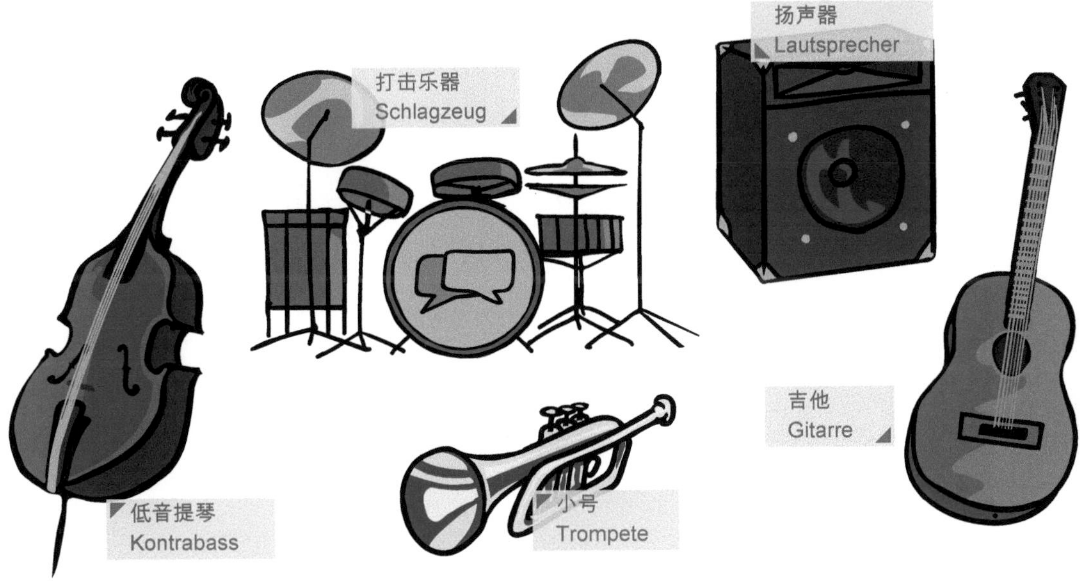
扬声器
Lautsprecher
打击乐器
Schlagzeug
低音提琴
Kontrabass
小号
Trompete
吉他
Gitarre

钢琴

Klavier

小提琴

Violine

贝斯

Bass

定音鼓

Pauke

鼓

Trommeln

电子琴

Keyboard

萨克斯管

Saxophon

长笛

Flöte

麦克风

Mikrofon

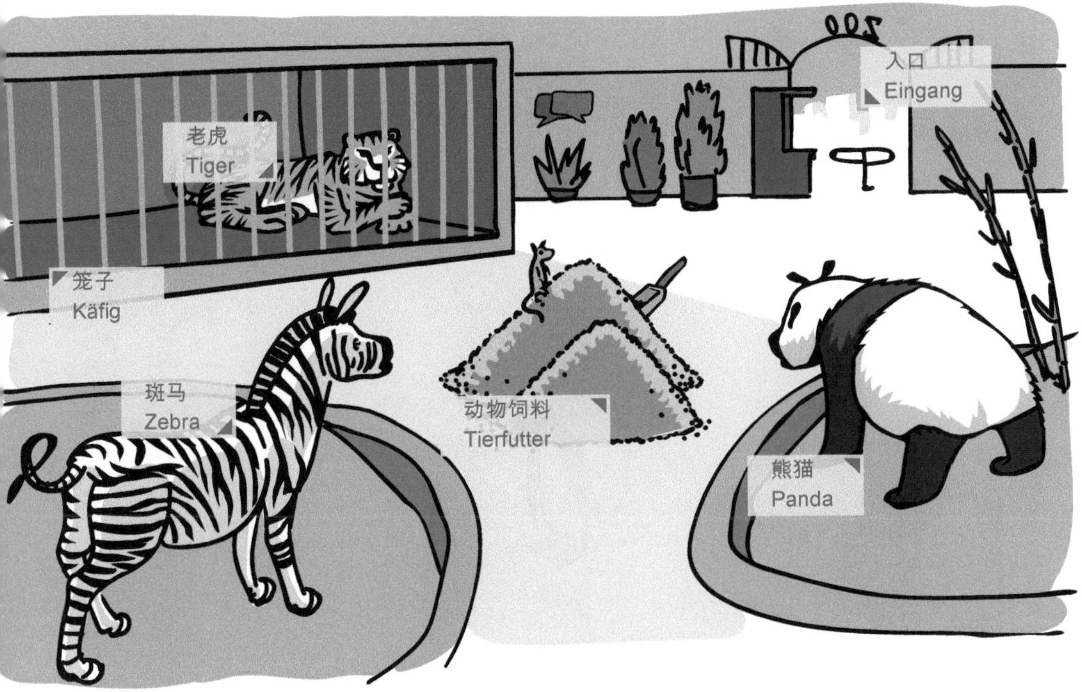

zoo
入口
Eingang
老虎
Tiger
笼子
Käfig
斑马
Zebra
动物饲料
Tierfutter
熊猫
Panda

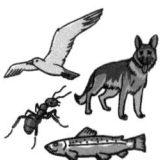

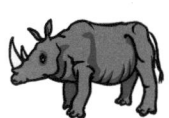

动物

Tiere

大象

Elefant

袋鼠

Känguru

犀牛

Nashorn

大猩猩

Gorilla

熊

Bär

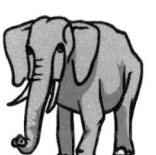

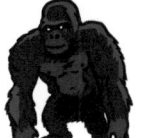

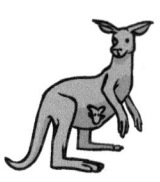

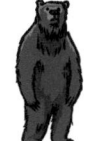

骆驼

Kamel

鸵鸟

Strauß

狮子

Löwe

猴子

Affe

火烈鸟

Flamingo

鹦鹉

Papagei

北极熊

Eisbär

企鹅

Pinguin

鲨鱼

Hai

孔雀

Pfau

蛇

Schlange

鳄鱼

Krokodil

动物园管理员

Zoowärter

海豹

Robbe

美洲豹

Jaguar

矮种马
Pony

豹
Leopard

河马
Nilpferd

长颈鹿
Giraffe

老鹰
Adler

野猪
Wildschwein

鱼
Fisch

龟
Schildkröte

海象
Walross

狐狸
Fuchs

羚羊
Gazelle

动物园 - Zoo

橄榄球
American Football

骑自行车
Radfahren

网球
Tennis

篮球
Basketball

游泳
Schwimmen

冰球
Eishockey

拳击
Boxen

英式足球
Fußball

羽毛球
Badminton

田径
Leichtathletik

手球
Handball

滑雪
Skilaufen

马球
Polo

笑
lachen

跳
springen

拥抱
umarmen

走路
gehen

唱
singen

做梦
träumen

祈祷
beten

亲吻
küssen

书写
schreiben

画
zeichnen

展示
zeigen

推
drücken

给
geben

拿
nehmen

有
haben

做
tun

当
sein

站
stehen

跑
laufen

拉
ziehen

扔
werfen

摔倒
fallen

躺
liegen

等待
warten

携带
tragen

坐
sitzen

穿衣
anziehen

睡觉
schlafen

醒来
aufwachen

看
....
ansehen

哭
....
weinen

抚摸
....
streicheln

梳头
....
kämmen

交谈
....
reden

明白
....
verstehen

问
....
fragen

听
....
hören

喝
....
trinken

吃
....
essen

清理
....
aufräumen

爱
....
lieben

做饭
....
kochen

开车
....
fahren

飞
....
fliegen

航行

segeln

计算

rechnen

读

lesen

学习

lernen

工作

arbeiten

结婚

heiraten

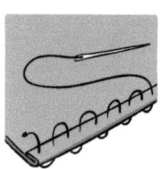

缝

nähen

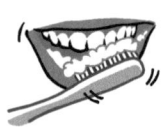

刷牙

Zähne putzen

杀

töten

抽烟

rauchen

寄

senden

祖母
Großmutter

祖父
Großvater

父亲
Vater

母亲
Mutter

婴童
Baby

女儿
Tochter

儿子
Sohn

客人

Gast

阿姨

Tante

叔叔

Onkel

兄弟

Bruder

姐妹

Schwester

身体

Körper

前额
Stirn
眼睛
Auge
肩膀
Schulter
手指
Finger
脸
Gesicht
下巴
Kinn
手
Hand
腿
Bein
乳房
Brust
手臂
Arm

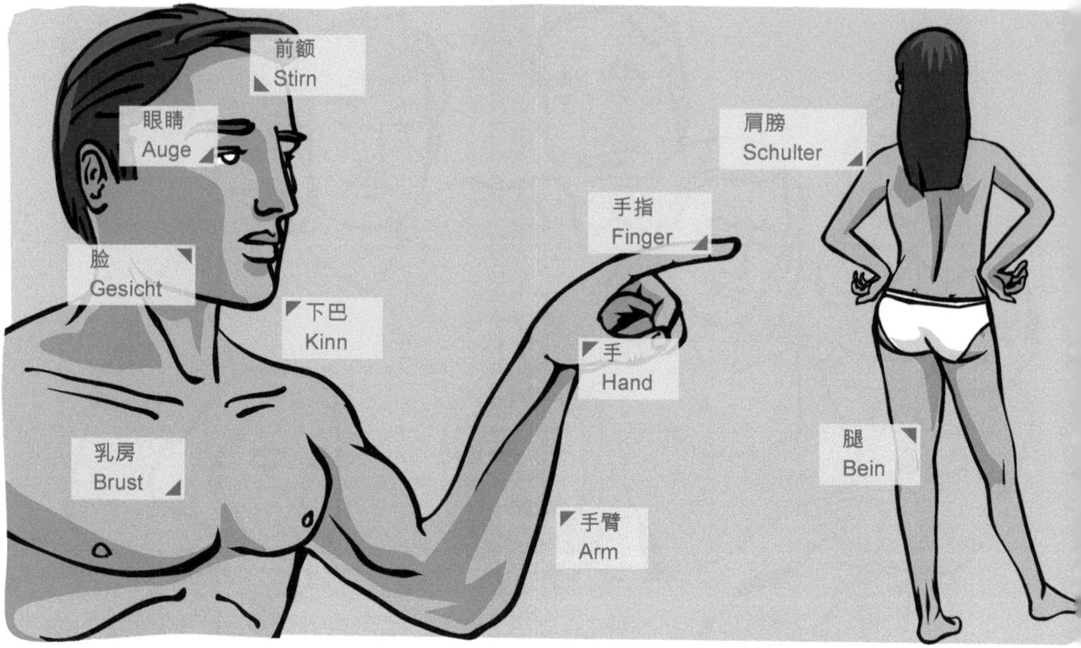

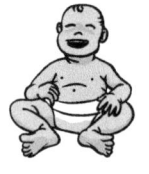

婴童

Baby

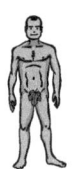

男人

Mann

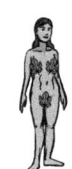

女人

Frau

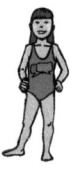

女孩

Mädchen

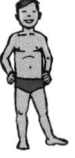

男孩

Junge

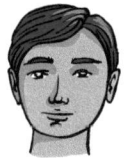

头

Kopf

背部
Rücken

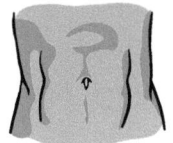

肚子
Bauch

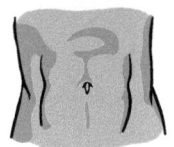

肚脐
Nabel

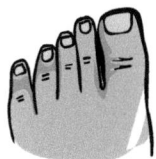

脚趾
Zeh

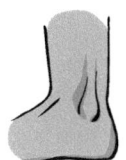

脚后跟
Ferse

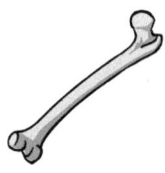

骨头
Knochen

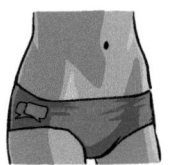

臀部
Hüfte

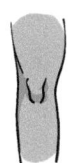

膝盖
Knie

手肘
Ellenbogen

鼻子
Nase

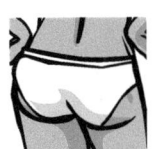

屁股
Gesäß

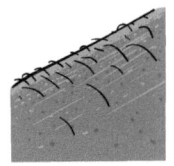

皮肤
Haut

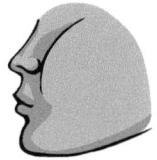

脸颊
Wange

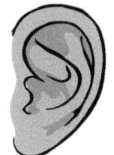

耳朵
Ohr

嘴唇
Lippe

身体 - Körper

嘴
Mund

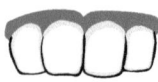

牙齿
Zahn

舌头
Zunge

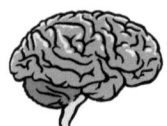

脑
Gehirn

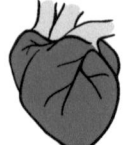

心脏
Herz

肌肉
Muskel

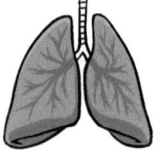

肺
Lunge

肝脏
Leber

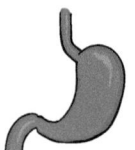

胃
Magen

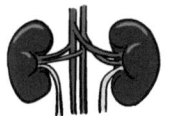

肾脏
Nieren

性交
Geschlechtsverkehr

避孕套
Kondom

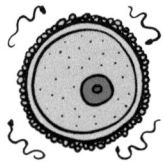

卵子
Eizelle

精子
Sperma

怀孕
Schwangerschaft

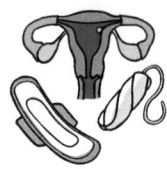

月经

Menstruation

阴道

Vagina

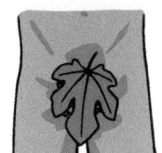

阴茎

Penis

眉毛

Augenbraue

头发

Haar

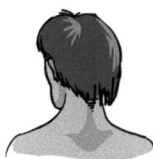

脖子

Hals

医院
Krankenhaus

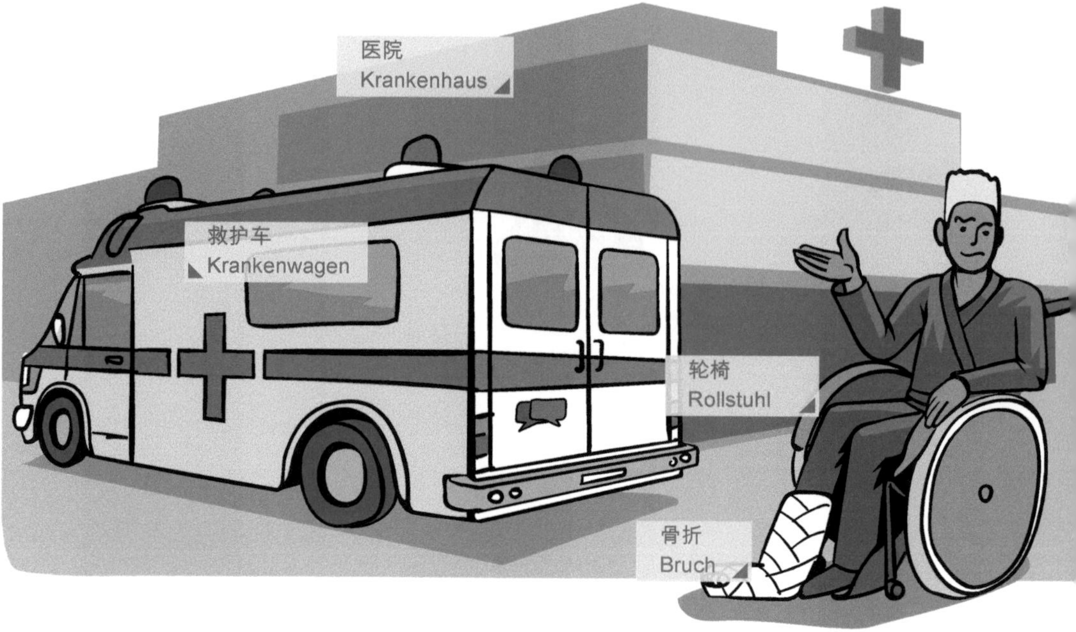

医院
Krankenhaus
救护车
Krankenwagen
轮椅
Rollstuhl
骨折
Bruch

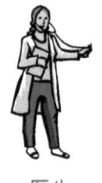

医生
Arzt

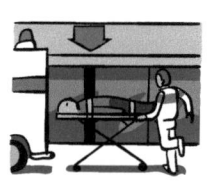

急诊室
Notaufnahme

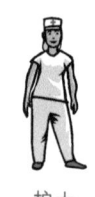

护士
Krankenschwester

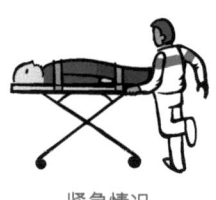

紧急情况
Notfall

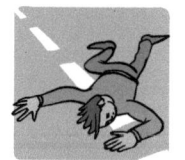

昏迷
ohnmächtig

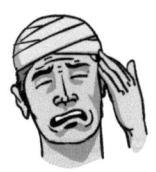

痛
Schmerz

受伤

Verletzung

出血

Blutung

心脏病发作

Herzinfarkt

中风

Schlaganfall

过敏

Allergie

咳嗽

Husten

发烧

Fieber

流感

Grippe

腹泻

Durchfall

头痛

Kopfschmerzen

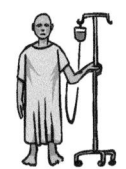

癌症

Krebs

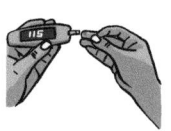

糖尿病

Diabetis

外科医生

Chirurg

手术刀

Skalpell

手术

Operation

CT

CT

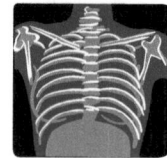

X光

Röntgen

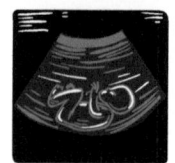

超声波

Ultraschall

口罩

Maske

疾病

Krankheit

候诊室

Wartezimmer

拐杖

Krücke

石膏

Pflaster

绷带

Verband

注射

Injektion

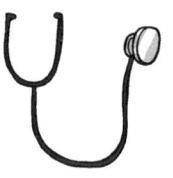

听诊器

Stethoskop

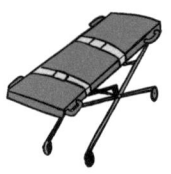

担架

Trage

体温计

Thermometer

出生

Geburt

超重

Übergewicht

医院 - Krankenhaus

助听器

Hörgerät

消毒液

Desinfektionsmittel

感染

Infektion

病毒

Virus

艾滋病

HIV / AIDS

药物

Medizin

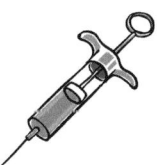

接种疫苗

Impfung

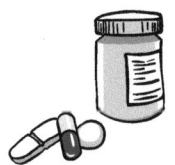

药片

Tabletten

药丸

Pille

急救电话

Notruf

血压计

Blutdruck-Messgerät

生病/健康

krank / gesund

救命！
Hilfe!

警报
Alarm

突击
Überfall

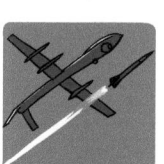

攻击
Angriff

危险
Gefahr

紧急出口
Notausgang

着火啦！
Feuer!

灭火器
Feuerlöscher

意外
Unfall

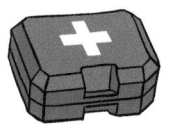

急救箱
Erste-Hilfe-Koffer

呼救信号
SOS

警察
Polizei

欧洲

Europa

北美洲

Nordamerika

南美洲

Südamerika

非洲

Afrika

亚洲

Asien

澳洲

Australien

大西洋

Atlantik

太平洋

Pazifik

印度洋

Indischer Ozean

南冰洋

Antarktischer Ozean

北冰洋

Arktischer Ozean

北极

Nordpol

南极
Südpol

南极洲
Antarktis

地球
Erde

陆地
Land

海
Meer

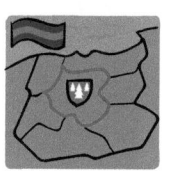

岛
Insel

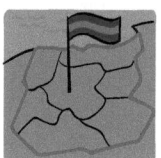

国家
Nation

国家
Staat

钟面

Zifferblatt

时针

Stundenzeiger

分针

Minutenzeiger

秒针

Sekundenzeiger

现在几点？

Wie spät ist es?

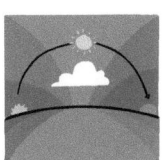

天

Tag

时间

Zeit

现在

jetzt

电子表

Digitaluhr

分

Minute

时

Stunde

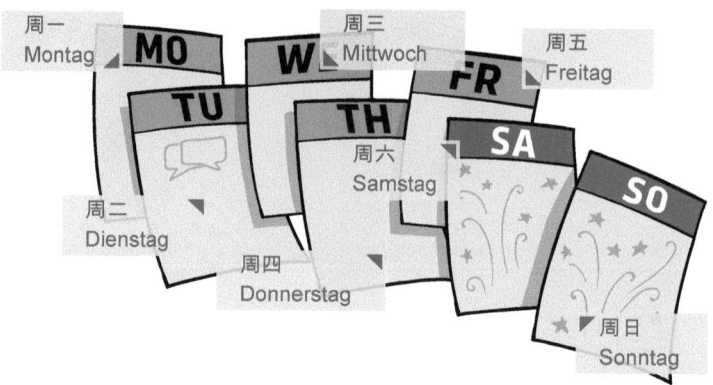

周一 Montag
周三 Mittwoch
周五 Freitag
周二 Dienstag
周六 Samstag
周四 Donnerstag
周日 Sonntag

昨天

gestern

今天

heute

明天

morgen

早晨

Morgen

中午

Mittag

晚上

Abend

工作日

Arbeitstage

周末

Wochenende

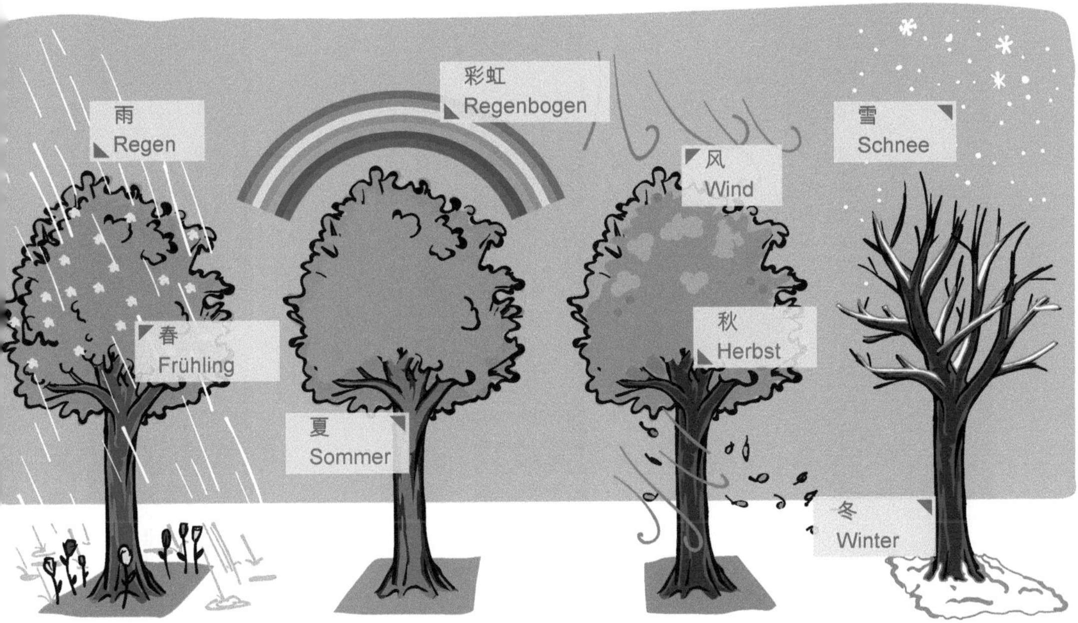

雨
Regen

彩虹
▶ Regenbogen

风
Wind

雪
Schnee

春
Frühling

夏
Sommer

秋
Herbst

冬
Winter

天气预报

Wettervorhersage

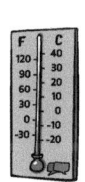

温度计

Thermometer

阳光

Sonnenschein

云

Wolke

雾

Nebel

潮湿

Luftfeuchtigkeit

闪电

Blitz

打雷

Donner

风暴

Sturm

冰雹

Hagel

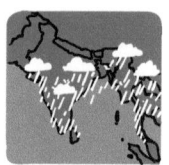

季风

Monsun

洪水

Flut

冰

Eis

一月

Januar

二月

Februar

三月

März

四月

April

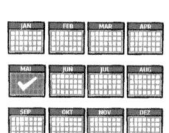

五月

Mai

六月

Juni

七月

Juli

八月

August

年 - Jahr

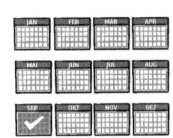

九月
September

十月
Oktober

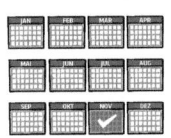

十一月
November

十二月
Dezember

圆形
Kreis

正方形
Quadrat

长方形
Rechteck

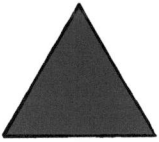

三角形
Dreieck

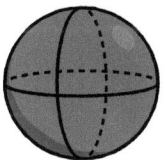

球体
Kugel

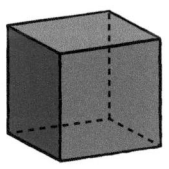

立方体
Würfel

白
weiß

黄
gelb

橙
orange

粉
pink

红
rot

紫
lila

蓝
blau

绿
grün

棕
braun

灰
grau

黑
schwarz

很多/少许

viel / wenig

生气/平静

wütend / friedlich

美/丑

hübsch / hässlich

首/尾

Anfang / Ende

大/小

groß / klein

明/暗

hell / dunkel

兄弟/姐妹

Bruder / Schwester

干净/肮脏

sauber / schmutzig

完整/缺失

vollständig / unvollständig

白天/晚上

Tag / Nacht

死/生

tot / lebendig

宽/窄

breit / schmal

可食用/非食用

genießbar / ungenießbar

邪恶/善良

böse / freundlich

兴奋/无聊

aufgeregt / gelangweilt

胖/瘦

dick / dünn

第一/最后

zuerst / zuletzt

朋友/敌人

Freund / Feind

满/空

voll / leer

硬/软

hart / weich

重/轻

schwer / leicht

饿/渴

Hunger / Durst

生病/健康

krank / gesund

非法/合法

illegal / legal

聪明/愚笨

intelligent / dumm

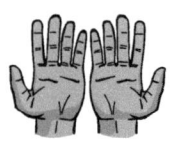

左/右

links / rechts

近/远

nah / fern

新/旧

neu / gebraucht

没有/有些

nichts / etwas

老/幼

alt / jung

开/关

an / aus

打开/合上

offen / geschlossen

安静/吵闹

leise / laut

富/穷

reich / arm

对/错

richtig / falsch

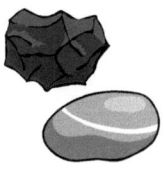

粗糙/光滑

rau / glatt

伤心/高兴

traurig / glücklich

短/长

kurz / lang

慢/快

langsam / schnell

湿/干

nass / trocken

温暖/凉爽

warm / kühl

战争/和平

Krieg / Frieden

0

零

null

1

一

eins

2

二

zwei

3

三

drei

4

四

vier

5

五

fünf

6

六

sechs

7

七

sieben

8

八

acht

9

九

neun

10

十

zehn

11

十一

elf

12
十二
zwölf

13
十三
dreizehn

14
十四
vierzehn

15
十五
fünfzehn

16
十六
sechzehn

17
十七
siebzehn

18
十八
achtzehn

19
十九
neunzehn

20
二十
zwanzig

100
百
hundert

1.000
千
tausend

1.000.000
百万
million

英语
....
Englisch

美式英语
....
Amerikanisches Englisch

普通话
....
Chinesisch Mandarin

印地语
....
Hindi

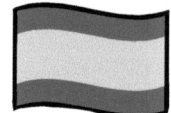

西班牙语
....
Spanisch

法语
....
Französisch

阿拉伯语
....
Arabisch

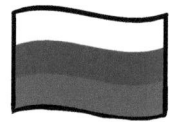

俄语
....
Russisch

葡萄牙语
....
Portugiesisch

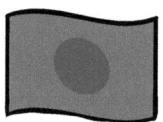

孟加拉语
....
Bengalisch

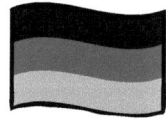

德语
....
Deutsch

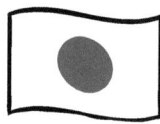

日语
....
Japanisch

我

ich

你

du

他/她/它

er / sie / es

我们

wir

你们

ihr

他们

sie

谁？

wer?

什么？

was?

怎样？

wie?

哪里？

wo?

什么时候？

wann?

HELLO, I AM

名字

Name

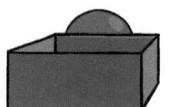

后面
....
hinter

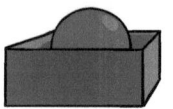

里面
....
in

前面
....
vor

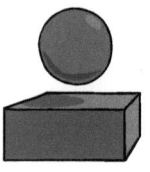

上方
....
über

上面
....
auf

下面
....
unter

旁边
....
neben

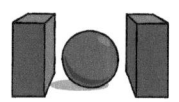

中间
....
zwischen

地点
....
Ort